BEI GRIN MACHT SICH IHR WISSEN BEZAHLT

- Wir veröffentlichen Ihre Hausarbeit, Bachelor- und Masterarbeit
- Ihr eigenes eBook und Buch - weltweit in allen wichtigen Shops
- Verdienen Sie an jedem Verkauf

Jetzt bei www.GRIN.com hochladen und kostenlos publizieren

Bibliografische Information der Deutschen Nationalbibliothek:

Die Deutsche Bibliothek verzeichnet diese Publikation in der Deutschen Nationalbibliografie; detaillierte bibliografische Daten sind im Internet über http://dnb.d-nb.de/ abrufbar.

Dieses Werk sowie alle darin enthaltenen einzelnen Beiträge und Abbildungen sind urheberrechtlich geschützt. Jede Verwertung, die nicht ausdrücklich vom Urheberrechtsschutz zugelassen ist, bedarf der vorherigen Zustimmung des Verlages. Das gilt insbesondere für Vervielfältigungen, Bearbeitungen, Übersetzungen, Mikroverfilmungen, Auswertungen durch Datenbanken und für die Einspeicherung und Verarbeitung in elektronische Systeme. Alle Rechte, auch die des auszugsweisen Nachdrucks, der fotomechanischen Wiedergabe (einschließlich Mikrokopie) sowie der Auswertung durch Datenbanken oder ähnliche Einrichtungen, vorbehalten.

Impressum:

Copyright © 2020 GRIN Verlag
Druck und Bindung: Books on Demand GmbH, Norderstedt Germany
ISBN: 9783346183064

Dieses Buch bei GRIN:

https://www.grin.com/document/588176

Jeannine Holert

Smart Office. Auswirkung der Digitalisierung auf Gebäude und Ausstattung

Wie gestaltet sich das Büro der Zukunft?

GRIN Verlag

GRIN - Your knowledge has value

Der GRIN Verlag publiziert seit 1998 wissenschaftliche Arbeiten von Studenten, Hochschullehrern und anderen Akademikern als eBook und gedrucktes Buch. Die Verlagswebsite www.grin.com ist die ideale Plattform zur Veröffentlichung von Hausarbeiten, Abschlussarbeiten, wissenschaftlichen Aufsätzen, Dissertationen und Fachbüchern.

Besuchen Sie uns im Internet:

http://www.grin.com/

http://www.facebook.com/grincom

http://www.twitter.com/grin_com

NBS Northern Business School
Digitalisierung & Business Intelligence

Smart Office: Auswirkung auf Gebäude und Ausstattung
Wie gestaltet sich das Büro der Zukunft?

Jeannine Holert

Inhaltsverzeichnis

Abkürzungsverzeichnis III

Abbildungsverzeichnis IV

Tabellenverzeichnis V

1. Einleitung 1
   1.1 Aufgabenstellung 1
   1.2 Methodik und Gang der Untersuchung 1
2. Grundlagen zum Thema Smart Office 3
   2.1 Begriffsdefinition Smart Office 3
       2.1.1 Was bedeutet Smart Office? 3
       2.1.2 Abgrenzung Smart Home zum Smart Office 4
   2.2 Stärken, Schwächen, Chancen und Risiken von Smart Office 4
       2.2.1 SWOT-Analyse 5
       2.2.2 Vorteile von Smart Office 6
       2.2.3 Nachteile von Smart Office 7
       2.2.4 Zwischenfazit 8
3. Veränderung der Arbeitswelt durch Smart Office 9
   3.1 Auswirkung auf Gebäude und Ausstattung 9
       3.1.1 Energie 9
       3.1.2 Sicherheit 11
       3.1.3 Komfort 12
       3.1.4 Kommunikation zwischen Smart Office Geräten 13
   3.2 Der Alltag in einem Smart Office 13
       3.2.1 Die Generation Z erwartet ein Smart Office 14
       3.2.2 The Edge – das modernste Bürogebäude der Welt 15
       3.2.3 Beispielhafte Ausgestaltung des Arbeitsalltages in einem Smart Office . 17
4. Schlussbetrachtung 18
   4.1 Zusammenfassung 18

	4.2 Ausblick	19
5.	Quellen- und Literaturverzeichnis	21

Abkürzungsverzeichnis

autom.	automatisch
BIM	Building information modelling
ggü.	gegenüber
IoT	Internet of Things
i. V. m.	in Verbindung mit
SWOT	Strenghts, Weaknesses, Opportunities, Threats
TGA	Technische Gebäudeausrüstung
VoIP	Voice over Internet Protocol

Abbildungsverzeichnis

Abbildung 1: Beherrschende Themen digitalisierter Gebäude   Seite 9

Abbildung 2: Generationen im Überblick   Seite 15

Abbildung 3: „The Edge" in Amsterdam   Seite 16

Tabellenverzeichnis

Tabelle 1: SWOT-Analyse						Seite 5

1. Einleitung

1.1 Aufgabenstellung

Die Hausarbeit befasst sich mit dem Thema „Smart Office: Auswirkung auf Gebäude und Ausstattung" und der dazugehörigen Forschungsfrage „Wie gestaltet sich das Büro der Zukunft?". Der Autor hat dieses Thema gewählt, da sich die fortschreitende Digitalisierung auch auf Immobilien und dessen Gebäudestrukturen auswirken. Bereits im privaten Wohnsegment erleichtern digitale Helfer den Lebensalltag und auch im Büroalltag nehmen smarte Technologien eine immer bedeutendere Rolle ein. Dieser Wandel i. V. m. den neuen Einstellungen und Erwartungen der jungen Arbeitnehmergenerationen stellen Unternehmen ebenso wie Immobilien vor neue Herausforderungen. Welche Auswirkungen das aktuelle Geschehen auf Gebäude und dessen Ausstattung haben wird und wie sich resultierend daraus das Büro der Zukunft gestaltet, wird in der Arbeit untersucht.

1.2 Methodik und Gang der Untersuchung

Ziel dieser Hausarbeit ist es herauszufinden, inwieweit sich smarte Technologien auf Büroimmobilien und dessen Ausstattungen auswirken und wie sich das Büro in kurz- bis mittelfristiger Zukunft entwickeln wird.

Zum Beginn der Arbeit wird der Theorieteil mit einer Definition des Begriffes „Smart Office" eingeleitet, gefolgt von dessen Abgrenzung zum Smart Home. Anschließend werden anhand einer SWOT-Analyse die Vor- und Nachteile vom Smart Office und dessen Anwendungen abgeleitet. Das Kapitel wird mit einem Zwischenfazit abgeschlossen und der darauffolgende Abschnitt befasst sich mit den durch das Smart Office herbeigeführten Veränderungen innerhalb der Arbeitswelt. Dabei werden die grundlegenden Auswirkungen auf Büroimmobilien und deren Ausstattungen näher betrachtet. Diese werden in die drei Unterkapitel „Energie", „Sicherheit" und „Komfort" unterteilt. Ferner wird erklärt, wie die Kommunikation zwischen Smart Office Geräten und deren Anwendungen funktioniert.

Anschließend wird dem Leser im Kapitel 3.2 der Alltag in einem Smart Office näher gebracht. Zu Anfang werden die Vorstellungen und Erwartungen der neusten Arbeitnehmergeneration ggü. dem Büro der Zukunft dargestellt. Ferner wird zur besseren Veranschaulichung das modernste Bürogebäude der Welt vorgestellt und ein beispielhafter Arbeitstag beschrieben. Die Hausarbeit schließt mit einer Schlussbetrachtung, gegliedert aus einer Zusammenfassung sowie einem Ausblick, ab.

Zum Beginn der Recherche hat sich der Autor im World Wide Web über div. Artikel und Bücher der vergangenen Jahre einen ersten Eindruck von der Thematik verschafft. Es wurden zahlreiche Quellen genutzt um eine sinnvolle Gliederung aufzustellen und die theoretischen Grundlagen zu verfassen. Darauffolgend wurde die Themensuche, passend zu den Gliederpunkten, eingegrenzt und optimiert. Zur Verfassung der Arbeit wurden umfangreiche Buch-, Zeitungs-, Zeitschriften- und Onlineartikel herangezogen. Bei der Suche wurden häufig Schlagwörter wie ‚Smart Office', ‚Smart Buildings' und ‚Büro der Zukunft' verwendet.

2. Grundlagen zum Thema Smart Office

2.1 Begriffsdefinition Smart Office

Mit der Etablierung des Computers und des Internets in den Alltag hat sich unsere Lebensart und die Büroarbeit grundlegend verändert. So ist der Arbeitsalltag digitaler und smarter geworden, wodurch der Mensch flexibler in Bezug auf Arbeitsort, -zeit und -weise werden konnte. Aber was versteht man eig. unter Smart Office und welche Unterschiede gibt es zu den klassischen Smart Home Anwendungen? Diese Fragestellung wird in den folgenden zwei Kapiteln genauer betrachtet und erläutert.

2.1.1 Was bedeutet Smart Office?

Smart – so soll unser Zuhause und das Büro von heute sein. Intelligente und digitale Produkte wie bspw. Saugroboter, per App fernsteuerbare Heizungssysteme oder sprachgesteuerte Gerätschaften haben sich bereits erfolgreich in den privaten Haushalten etabliert. (Rubin, 2018) Im Smart Office werden hingegen andere intelligente Lösungen eingesetzt, welche speziell auf das Bürogebäude und die Arbeitsweise von heute zugeschnitten sind. (Rubin, 2018) So gibt es bereits Brandmeldeanlagen, Videoüberwachungen und Zutrittskontrollsysteme welche komplett automatisiert sind und miteinander kommunizieren können. (Rubin, 2018)

Wird bspw. per Gesichtserkennung festgestellt, dass sich in den Büroräumen eine unbefugte Person befindet, kann dieser der Zutritt durch ferngesteuertes Verriegeln der Türen verwehrt werden. Mithilfe dieser Technik lassen sich Einbrüche vollständig erfassen und optimal lösen. (Rubin, 2018) Des Weiteren kann durch die elektronische Zeiterfassung Strom und Energie eingespart werden, indem vom System festgestellt wird, ab wann alle Personen das Büro verlassen haben, wodurch autom. Computer, Drucker, Lichter, Heizung/Klimaanlage ausgeschaltet und Fenster geschlossen werden. (Rubin, 2018)

„Ein Smart Office ist demnach ein Gebäude, in dem die zahlreichen Geräte der Gebäudetechnik und der Informations- und Kommunikationstechnologien zu intelligenten Gegenständen werden, die sich an den Bedürfnissen der Nutzer orientiert." (Vornholz, 2019, S. 170)

Das Design eines intelligenten Büros muss sich entsprechend an die unterschiedlichen Arbeitsbedingungen anpassen. Dazu gehören u. a. ruhige Bereiche, in denen Mitarbeiter ungestört arbeiten und telefonieren können, Besprechungsräume für die Zusammenarbeit von mehreren Personen sowie sog. Hot Desks für ein schnelles Kennenlernen oder kurze Besprechungen. (Workplace, 2019) Ferner zeichnet sich ein Smart Office durch lebehafte Pausenbereiche bzw. Unterhaltungsbereiche aus, damit sich Mitarbeiter untereinander kennenlernen, austauschen oder entspannen können. (Workplace, 2019) Um solch ein offenes und flexibles Design zu ermöglichen, müssen Unternehmen ihre Büroflächen effizient nutzen und gestalten.

Der Begriff Smart Office beschreibt demnach einen intelligenten Arbeitsplatz, welcher mithilfe von technischen Verfahren und Systemen das Arbeitsumfeld eines Unternehmens mit den Mitarbeitern verbindet und dessen Arbeits- und Lebensqualität, Sicherheit sowie Arbeitsalltag erhöhen und effizienter gestalten soll. (Vornholz, 2019, S. 170)

2.1.2 Abgrenzung Smart Home zum Smart Office

Vom Smart Home zum Smart Office. In jüngster Vergangenheit war der Begriff Smart Home (zu Deutsch „Intelligentes Haus") in aller Munde, wodurch die Entwicklung zum Smart Office absehbar war. Wie im Smart Office, soll das Smart Home im privaten Haushalt dafür sorgen, dass die Haustechnik einfacher, effizienter und wirtschaftlicher arbeitet, indem alle Geräte und Anlagen über ein zentrales Steuerelement, wie bspw. einer App, miteinander verbunden sind. (Baumann, g-pulse, 2018) Der Unterschied besteht vor allem in dem Installationsaufwand und dem damit verbundenen Verkaufsprozess der Produktlösungen. So werden Produkte für das vernetzte Zuhause über den normalen Handel verkauft, wobei beim Kauf eines Gerätes bzw. Systems eine Installation durch einen Fachmann erfolgt. (Rubin, 2018) Bei Smart Office Lösungen sind Aufwand und Umfang um ein Vielfaches höher. (Rubin, 2018) Denn um ein ganzes Büroobjekt intelligent zu vernetzen, bedarf es bereits bei der architektonischen Planung um Berücksichtigung, da nicht nur ein Satz von Sensoren verbaut werden müssen, sondern es erfolgt ein signifikanter Eingriff in die technische Gebäudeausrüstung (TGA). (Rubin, 2018) Soll bspw. eine gesamte Büroimmobilie mit einem Überwachungs-, Steuerungs-, Regel- sowie einer Optimierungseinrichtung ausgestattet werden, nimmt der Aufwand im Vergleich zu einzelnen Smart-Home-Lösungen ein ganz anderes Ausmaß an. (Rubin, 2018) Das liegt zum einen daran, weil der Anspruch sowie der Umfang von smarten Technologien deutlich höher ist und zum anderen, weil eine Büroimmobilie in Bezug auf die Drittverwendungsfähigkeit flexibel sein muss, um sowohl den Ansprüchen eines Single-Tenant-Mieters als auch den von Multi-Tenant-Mietern zu genügen. Neben deutlich höheren Kosten dürfen auch der erhöhte Zeitaufwand sowie der Bedarf eines passenden Systemanbieters nicht unterschätzt werden. (Vgl. mit Tabelle 1: SWOT-Analyse, S. 5)

2.2 Stärken, Schwächen, Chancen und Risiken von Smart Office

Um herauszufinden, welche Stärken bzw. Schwächen das Smart Office und dessen technologischen Anwendungen überhaupt mit sich bringen und welche Chancen und

Risiken sich dahinter verbergen, wird nachkommend eine SWOT-Analyse bezogen auf den Büroimmobilienmarkt erstellt sowie daraus resultierend die Vor- und Nachteile des Smart Office gegenübergestellt.

2.2.1 SWOT-Analyse

Der Begriff „SWOT" setzt sich aus den englischen Begriffen **S**trengths (Stärken), **W**eaknesses (Schwächen), **O**pportunities (Chancen) und **T**hreats (Risiken) zusammen. Die sog. SWOT-Analyse liefert den Ist-Zustand eines Projektes bzw. einer Immobilie sowie dessen Umfeld und stellt interne Stärken und Schwächen sowie externe Chancen und Risiken tabellarisch ggü. (Michael, o. D.)

Beim Stärken-Schwächen-Profil werden bestehende Defizite aufgegriffen und die genauen Ursachen hierfür erörtert. Im Rahmen der Smart-Office-Analyse i. V. m. Büroimmobilien können interne Stärken und Schwächen als Produkteigenschaften, wie bspw. bestehende Vor- und Nachteile verstanden werden. Das Chancen-Risiko-Profil zeigt hingegen auf, welche wesentlichen externen Einflussfaktoren auf den Projektgegenstand einwirken. Dazu gehören nicht beeinflussbare Marktfaktoren wie bspw. die Entwicklungsgeschwindigkeit von Technologien oder staatliche Richtlinien und Gesetze.

Die Gegenüberstellung der 4 Felder erfolgt mit Hilfe der sog. SWOT-Matrix. Die Ergebnisse werden in der folgenden Tabelle beschrieben.

Tabelle 1: SWOT-Analyse

Marktfaktoren / Smart-Office	Opportunities (Chancen) 1. Stetige Weiterentwicklung der Digitalisierung 2. Förderung von modernen Arbeitskonzepten 3. Staatliche Förderung von Nachhaltigkeitsprojekten	Threats (Risiken) 1. Einhaltung von Datenschutzvorgaben 2. Erhöhte Anfälligkeit von Spionage/Hackerangriffen 3. Erhöhtes Risiko bei der Entwicklung und Verwaltung der Immobilie
Strength (Stärken) 1. Senkung von Kosten auf allen Unternehmensebenen 2. Optimierung von Prozessen 3. Flexible Working 4. Steigerung der Nachhaltigkeit	SO-Strategien - Mithilfe der modernen Büroräume & Arbeitskonzepte wird die Attraktivität/Prestige des UN gesteigert. (O2/S2/S3) - Durch die flexible Arbeitsweise & modernen Bürokonzepte wird die Produktivität, Kreativität & Zufriedenheit des Personals gefördert. (O2/S3)	ST-Strategien - Da wir unsere Prozesse mithilfe der neuen Technologien optimieren und MA attraktive und flexible Arbeitsformen anbieten dürfte das Verwaltungsrisiko der Immobilie gering ausfallen. (T3/S2/S3) - Um laufende Kosten zu senken und ein Gebäude Nachhaltiger zu gestalten,

	- Durch die sich weiterentwickelnden Technologien können Prozesse weiter optimiert & Kosten gesenkt werden. (O1/S1/S2) - Durch staatliche Förderkonzepte und den Fokus auf die Nachhaltigkeit können Kosten gesenkt und das Image des UN erhöht werden. (O3/S1/S4)	ist das erhöhte Risiko bei einer Projektentwicklung kaum vermeidbar. (T3/S1/S4) - Um den Datenschutzrichtlinien gerecht zu werden und um Spionage-/Hackerangriffen entgegenzuwirken werden Prozesse weiter optimiert, jedoch wird ein Restrisiko nicht vermeidbar sein. (T1/T2/S2)
Weaknesses (Schwächen) 1. Hohe Anschaffungskosten 2. Abhängigkeit von externen Unternehmen (IT-Service) 3. Lange Einarbeitungsprozesse des Personals 4. Plan- und Anschaffungskosten sind nur schwer kalkulierbar	WO-Strategien - Durch die zahlreichen smarten Anwendungen bedarf es eines geeigneten IT-Anbieters. (O1/W2) - Durch die Nutzung neuer Technologien müssen MA entsprechend geschult/eingearbeitet werden, was wiederum Kosten und eventuell die Hilfe von externen UN bedarf. (O1/W1/W2/W3) - Trotz Förderanreize vom Staat kann es schnell zu unvorhergesehenen Kostensteigerungen bei der Einführung kommen. (O3/W4)	WT-Strategien - Um Datenschutzvorgaben einzuhalten und Spionage-/ Hackerangriffen entgegenzuwirken, arbeiten wir mit erfahrenen externen IT-UN zusammen. (T1/T2/W2) - Aufgrund der erschwerten Planung und Umsetzung der Immobilienentwicklung müssen Kosten im vorherein detailliert betrachtet und sicherheitshalber mit ausreichend Risikopuffer kalkuliert werden, um unvorhergesehenen Kosten entgegenzuwirken. (T3/W1/W4)

Quelle: Eigene Erhebung

2.2.2 Vorteile von Smart Office

Die stetig anwachsende Anzahl an smarten Produkten bringen sowohl für Arbeitnehmer als auch für Arbeitgeber zahlreiche Möglichkeiten und Vorteile mit sich. Die Aufgabe von Smart-Office-Lösungen besteht darin, Prozesse zu optimieren und Kosten zu senken. (Vgl. mit Tabelle 1: SWOT-Analyse, S. 5) So können bspw. mithilfe der Digitalisierung Dokumente, Informationen und Wissen schnell und sicher miteinander vernetzt sowie ortunabhängig zur Verfügung gestellt werden. (Vornholz, 2019, S. 170f.) Dadurch wird es Mitarbeitern ermöglicht, über ihr Laptop, Smartphone, Tablet etc. auf alle relevanten Prozesse, Programme und Informationen zuzugreifen, ohne an den Arbeitsplatz gebunden zu sein. (Vornholz, 2019, S. 170f.) Entsprechend weist das Smart Office eine hohe Flexibilität auf, mit welcher Mitarbeiter selbst bestimmen können, wann, wo und wie sie arbeiten möchten, was nachweislich die Zufriedenheit und damit einhergehend die Produktivität steigert. (Nehring, 2016) (Vgl. mit Tabelle 1: SWOT-Analyse, S. 5) Ferner sind durch die Digitalisierung der Büroarbeit immer weniger Mitarbeiter physisch am traditionellen Arbeitsplatz anwesend. So befinden sich viele Kollegen auf Geschäftsreise, im Home Office, sind krank oder arbeiten zu anderen Zeiten an anderen Orten. Dadurch sind rd. 30-40% der Büroflächen an einem typischen Arbeitstag nicht ausgelastet. (Workplace, 2019) Angesichts der hohen Kosten für die Nutzung einer Immobilie bedeutet dies einen enormen Ressourcenverbrauch. (Workplace, 2019) Smart-Office-Technologien können hier Abhilfe schaffen, indem bspw. durch ein intelligentes Energiedatenmanagementsystem der Stromverbrauch reduziert wird. (Vornholz, 2019, S. 170) (Vgl. mit Tabelle 1: SWOT-Analyse, S. 5) Ferner kann mit dem intelligenten Einsatz von Solaranlagen sogar mehr Energie produziert werden, als das Gebäude verbraucht. (Rubin, 2018) (Vgl. mit Tabelle 1: SWOT-Analyse, S. 5)

Neben dem Kostenreduzierungs- und Nachhaltigkeitsgedanken steht auch der Sicherheitsaspekt beim Smart Office im Vordergrund. So sind z. B. Wasser- und Rauchmelder durch intelligente Technologien direkt mit der zuständigen Feuerwehr vernetzt, sodass bei einem Feuerausbruch die Feuerwehr autom. alarmiert wird. (Rubin, 2018) Parallel dazu wird vom System die Beleuchtung der Fluchtwege aktiviert, Fenster geschlossen sowie die Belüftung im Büro ausgeschaltet, um ein weiteren anfachen der Flammen zu verhindern. (Buzaljko, 2019)

Neben den vorgenannten Smart-Office-Technologien gibt es noch weitere praktische Anwendungen, welche im Kapitel 3.1.1 näher betrachtet werden.

2.2.3 Nachteile von Smart Office

Neben den zahlreichen Vorteilen verursacht das Smart Office auch einige Probleme und stößt häufig auf Kritik. So werden durch die vollständig vernetzten Sensoren und Systemanwendungen unzählige Daten gesammelt, ausgewertet und gespeichert. (Buzaljko, 2019) Dabei sind es überwiegend Daten, die auf einzelne Personen zurückzuführen sind. Es kann bspw. genau eingesehen werden, an welchem Ort und zu welcher Zeit sich ein Mitarbeiter befindet, wie viele Pausen eingelegt und wie viele Blätter ausgedruckt werden. (Buzaljko, 2019) Dies kann bei Mitarbeitern ein Gefühl der totalen Überwachung auslösen, wodurch sie sich unwohl und eingeengt fühlen. Das kann wiederrum die Produktivität, Zufriedenheit und den Komfort negativ beeinflussen, was eig. durch das Smart Office positiv beeinflusst werden soll. (Rubin, 2018) (Vgl. mit Tabelle 1: SWOT-Analyse, S. 5) Daher ist eine transparente und offene Kommunikation zwischen der Geschäftsführung und dem Personal unerlässlich. So sollte auch für älteres und ungeschultes Personal eine vollständige Aufklärung über die einzelnen Smart-Office-Anwendungen erfolgen. (Vgl. mit Tabelle 1: SWOT-Analyse, S. 5) Ferner sollten Mitarbeiter frei entscheiden können, welche Informationen gesammelt, preisgegeben und verwendet werden dürfen und welche nicht.

Eine weitere Problematik stellt der zu gewährleistende Datenschutz dar. (Vgl. mit Tabelle 1: SWOT-Analyse, S. 5) Zwar läuft die Kommunikation zwischen den einzelnen Geräten bzw. Sensoren über verschlüsselte IP-Netzwerkprotokolle, (Buzaljko, 2019) jedoch sind auch diese vor Hackerangriffen und Vieren nicht einhundertprozentig geschützt. (Vgl. mit Tabelle 1: SWOT-Analyse, S. 5) Unternehmen sollten daher nur mit zertifizierten Partnern und Technikern zusammenarbeiten, welche einen größtmöglichen Schutz gewährleisten. (Baumann, g-pulse, 2018) (Vgl. mit Tabelle 1: SWOT-Analyse, S. 5)

2.2.4 Zwischenfazit

Oftmals sind es nur wenige Sekunden oder Minuten, die durch die smarten Technologien eingespart werden können, wodurch die Einsparpotenziale gering erscheinen mögen. So fällt die Zeitersparnis von ca. 30 Sekunden durch das automatisierte Starten der Kaffeemaschine, des Druckers oder des Computers kaum ins Gewicht. Betrachtet man jedoch ein Unternehmen mit 100 Mitarbeitern, welche jeden Tag 30 Sekunden Zeit einsparen, sind das am Ende eines Monats 25 Arbeitsstunden und am Jahresende 300 Stunden Zeitersparnis. Bei dem aktuelle zu zahlendem Mindestlohn i. H. v. 9,19 € (Frehner, 2019) ergibt sich eine Ersparnis von rd. 2.760 € pro Jahr. Bei dieser Berechnung muss jedoch beachtet werden, dass lediglich die Zeitersparnis durch eine Produktlösung betrachtet wurde und nicht durch mehrere Anwendungen. D. h. bei der Nutzung mehrerer Smart-Technologien ergibt sich ein deutlich höheres Einsparpotenzial, ungeachtet der zusätzlichen Kostenersparnis durch umweltschonende Anwendungen. Grundsätzlich kann festgehalten werden, dass die Ertragsfähigkeit eines Unternehmens / einer Büroimmobilie schon durch simple Verbesserungen signifikant gesteigert werden kann.

Je größer ein Unternehmen ist, desto größer ist auch der Nutzen des Smart Office. Unternehmen dürfen die Nachteile aber keinesfalls außer Acht lassen und müssen bei der Einführung von smarten Technologien die Wünsche und Gedanken der Mitarbeiter miteinbeziehen und berücksichtigen. Ansonsten kann es schnell passieren, dass die in Kapitel 2.2.2 beschriebenen positiven Effekte ausbleiben oder sich im schlimmsten Fall gegenläufig entwickeln.

3. Veränderung der Arbeitswelt durch Smart Office

3.1 Auswirkung auf Gebäude und Ausstattung

Das Smart Office ist bereits heute Realität und entwickelt sich immer weiter. So werden und wurden bereits die ersten sog. Smart Buildings konzipiert. Das Smart Building ist ein IP-basiertes Gebäudemanagement, welches nicht erst nachträglich bestehende Infrastrukturen miteinander verknüpft, sondern bereits von Anfang an smart konzipiert ist. Dabei sind alle Systeme in der gleichen Weise im Gebäude integriert und miteinander vernetzt.

Einen Auszug darüber, welche intelligenten Lösungen es in den beherrschenden Bereichen Energie, Sicherheit sowie Komfort bereits für das Bürogebäude der Zukunft gibt und wie diese funktionieren bzw. miteinander kommunizieren wird in den Kapiteln 3.1.1 bis 3.1.3 analysiert. (Vgl. mit Abbildung 1: Beherrschende Themen digitalisierter Gebäude, S. 9)

Abbildung 1: Beherrschende Themen digitalisierter Gebäude (euromicron AG, o. D:)

3.1.1 Energie

Ohne Energie funktioniert heutzutage in einer Immobilie nichts mehr. Egal welche Branche man betrachtet, seien es Handwerksbetriebe, Anwaltskanzleien, Arztpraxen, Produktionshallen usw. – jedes Unternehmen kann ohne Energie nicht arbeiten, aber dennoch kann jeder Betrieb seinen Energieverbrauch optimieren und so die Kosten für Gas, Wasser, Wärme und Strom senken. (Müller, 2015)

Die größte Stromverschwendung stellen die zahlreichen im Stand-by-Betrieb befindlichen Geräte dar. Im privaten Bereich betrifft dies oftmals Geräte wie den Fernseher, Spielekonsolen und Musikanalgen, bei welchen dauerhaft das rote Lämpchen leuchtet. (Müller, 2015) Im gewerblichen Bereich sind es wiederrum oftmals Computer, welche abends nicht komplett heruntergefahren sondern in den Ruhezustand gestellt werden. Es ist festzuhalten, dass solange der Stromstecker nicht gezogen ist bzw. die Steckerleiste nicht komplett ausgeschaltet ist, die verbundenen Gerätschaften weiterhin Strom ziehen, auch wenn diese sich vermeintlich gar nicht im Betrieb befinden. (Müller, 2015) Betrachtet man einen normalen Arbeitstag von 8 Stunden, verbleiben noch 16 Stunden am Tag, wo die Gerätschaften nicht aktiv genutzt werden und entsprechend im Stand-by-Modus weiterhin Strom verbrauchen. (Müller, 2015)

Durch den gezielten Einsatz von Sensoren kann gewährleistet werden, dass nur so viel Energie verbraucht wird, wie tatsächlich benötigt wird. (Buzaljko, 2019) Befindet sich bspw. längere Zeit keine Person im Raum, wird dies vom Bewegungsmelder registriert und das Licht ausgeschaltet. Parallel wird die Lüftung und Heizung gedrosselt, bis jemand den Raum wieder betritt. (Buzaljko, 2019) Des Weiteren werden durch Sensoren die Lichtverhältnisse in den Räumlichkeiten effizient reguliert. Bei schlechten Wetterverhältnissen wird mehr Licht benötigt, sodass die Lampen stärker leuchten. Sobald die Sonne scheint, wird das Licht entsprechend gedimmt. (Buzaljko, 2019) Stellt das Zugangskontrollsystem fest, dass die letzte Person das Büro verlassen hat werden alle nicht relevanten Gerätschaften komplett ausgeschaltet (Müller, 2015) und erst beim Betreten des ersten Mitarbeiters bspw. am nächsten Werktag wieder eingeschaltet. Durch diese Funktionen wird ein optimales Verhältnis zwischen Energieverbrauch und dem Bedarf am Arbeitsplatz garantiert.

Einen deutlichen höheren Energieverbrauch stellt die Heizungsanlage dar – rd. ¼ des Endenergieverbrauches ist auf die Heizungskosten zurückzuführen. (Müller, 2015) So wird oftmals durch nicht ausgeschaltete Heizungskörper am Abend, in der Nacht und am Wochenende viel Energie in Büroräumen verschwendet, welche in der angegebenen Zeit nicht genutzt werden. (Buzaljko, 2019) Durch den Einsatz des sog. smart Metering kann die Heizungsanlage autom. reguliert und gesteuert werden. Durch das smart Metering werden Energiedaten (Strom, Gas Wasser, Wärme) digital gemessen und ausgewertet. Es werden demnach Verbrauchsdaten elektronisch erfasst und via Internetverbindung zum Energieanbieter versendet. Parallel dazu können die gesammelten Daten dazu genutzt werden, um versteckte Stromfresser sichtbar zu machen. (Müller, 2015)

So misst der smart Meter über das ganze Jahr hinweg, was durch Warmwasserboiler, Spülmaschinen, Heizung und weiteren Energiequellen genau verbraucht wird. Entsprechend lassen sich anhand der abgebildeten Daten per App alle Stromfresser von unterwegs jederzeit an- oder ausschalten. (Müller, 2015)
So kann durch das Smart Office nicht nur viel Energie und damit Kosten eingespart werden, sondern auch die Umweltbilanz bzw. das Image des Unternehmens verbessert sich. (Vgl. mit Tabelle 1: SWOT-Analyse, S. 5)

3.1.2 Sicherheit

Wie bereits im Kapitel 2.2.2 beschrieben, steigern Smart-Office-Technologien die Sicherheit und den Datenschutz. So kommunizieren verbaute Sensoren und Geräte über verschlüsselte IP-Netzwerkprotokolle. (Buzaljko, 2019) Diese Technik wird ebenfalls bei der Internet-Protokoll-Telefonie (IP-Telefonie) bzw. der sog. Voice over Internet Protocol (VoIP) verwendet und hat sich als sehr sicher erwiesen. (Kolkmann, 2017) Die VoIP ist eine Technologie zur Übertragung von Sprachsignalen über das Internet. Bspw. funktioniert das Telefonieren über Skype, WhatsApp, Facebook Messenger usw. ebenfalls über das VoIP. Insb. Unternehmen verwenden diese Technologie um Telefonkosten zu sparen und Telefonkonferenzen zu ermöglichen. (Kolkmann, 2017)
Somit sind auch Überwachungs-, Zugangskontroll- und allgemeine Sicherheitssysteme unkompliziert ins Smart Office integrierbar. Dadurch können bspw. auch Datenschutzbestimmungen besser eingehalten werden. So startet der Druckauftrag des Gemeinschaftsdruckers erst, sobald sich der entsprechende Mitarbeiter in unmittelbarer Nähe befindet und sich durch einen Chip am Schlüsselbund oder einer Zugangskarte autorisiert. (Buzaljko, 2019) Diese Anwendung findet sich bspw. standardgemäß in Co-Working-Spaces wieder.
Es gilt jedoch zu beachten, dass gerade durch die Vernetzung aller Geräte über das Internet of Things (IoT) eine große Angriffsfläche für Hacker geebnet wird. (Check Point Software Technologies Ltd., 2019) Sollte es einem Angreifer trotz der verschlüsselten IP-Netzwerkprotokolle gelingen sich in das System einzuschleusen, hat dieser Zugang zu einer großen Menge an Informationen. Bspw. kann ein Cyberkrimineller über die Zugangs- und Überwachungssysteme feststellen, in welchem Zeitfenster sich keine Personen mehr im Büro befinden. Parallel dazu wäre es dem Angreifer beliebig möglich integrierte Alarmsysteme zu deaktivieren und wieder zu aktivieren. (Check Point Software Technologies Ltd., 2019)
Jedoch stellt nicht der physische Einbruch in ein Unternehmen die größte Gefahr dar, sondern vor allem das Ausspionieren von sensiblen Daten und Informationen kann die

Unternehmensexistenz bedrohen. So können Mikrofone und eingebaute Kameras, welche bspw. bei Videokonferenzen genutzt werden, abgehört werden. Durch solche unscheinbaren Elemente ist die Unternehmenssicherheit einem hohen Risiko ausgesetzt. (Check Point Software Technologies Ltd., 2019) Um dieses Risiko zu minimieren und um das Einhalten von Datenschutzrichtlinien gewährleisten zu können, sollten Unternehmen nur mit zertifizierten Partnern und Technikern zusammenarbeiten. (Rubin, 2018) Schlussendlich stellen Cyberangriffe eine große Gefahr auf allen Unternehmensebenen dar und sind unter Umständen nicht oder nur schwer versicherbar (Cyber-Risk). (Golling, 2018)

3.1.3 Komfort

Heutzutage lässt sich vieles digitalisieren, aber wenn es um den Komfort und das Wohlbefinden am Arbeitsplatz geht, so werden die klassischen Büromöbel wie Schreibtische und Stühle künftig keinen signifikanten Wandel erleben. (MMCD NEWS MEDIA GmbH, 2019) Der Fokus wird sich weiterhin auf die Rückengesundheit konzentrieren, sodass eine qualitativ hochwertige Rückenstütze und höhenverstellbare Schreibtische unerlässlich bleiben. (MMCD NEWS MEDIA GmbH, 2019) Zwar gibt es bereits heute smarte Tische, welche ihre Höhe autom. an den aktuellen Nutzer anpassen, drahtlose Lademöglichkeiten für das Mobiltelefon bieten und über Multi-Touch-Displays verfügen, (MMCD NEWS MEDIA GmbH, 2019) jedoch sind dies alles digitale Features, die den Komfort lediglich minimal beeinflussen, jedoch hohe Anschaffungskosten mit sich bringen.

Der wesentliche Fokus des Komforts, in der sich zurzeit wandelnden Arbeitswelt, liegt viel mehr auf dem Wohlfühlfaktor durch einen modernen und ansprechenden Arbeitsplatz. (Demirci & Storek, 2018, S. 30) Gerade die junge Generation legt Wert auf flexible Arbeitsorte und -zeiten, gemütliche Lounges als Rückzugsmöglichkeit sowie offene Räume zur Kommunikation. Variable Office-Konzepte sollen die Atmosphäre im Büroalltag verbessern. (Demirci & Storek, 2018, S. 30) Ziel ist es die Mitarbeitern zu animieren, um Freude sowie Motivation für die Arbeit aufkommen zu lassen, wodurch die Effizienz und Zufriedenheit der Mitarbeiter gesteigert werden soll. (Demirci & Storek, 2018, S. 30) Um das Personal zu animieren und keine klassische Arbeitsroutine aufkommen zu lassen, ist es von entscheidender Bedeutung, dass jeder Mitarbeiter die Möglichkeit bekommt, von überall aus und seinen Bedürfnissen entsprechend zu arbeiten. (Demirci & Storek, 2018, S. 30) Dabei ist es wichtig, die Auswahl des Farbkonzeptes und des Mobiliars entsprechend der Unternehmenskultur anzupassen, damit sich der Betrieb auch im Design widerspiegelt. (Demirci & Storek, 2018, S. 31)

3.1.4 Kommunikation zwischen Smart Office Geräten

Bereits heute nutzen 26% der deutschen Bevölkerung smarte Geräte wie z. B. Beleuchtungs- oder Überwachungssysteme welche über das Smartphone gesteuert werden können. (Bitkom e.V., 2018) Schaltet man zusätzlich Sprachassistenten wie Amazon Alexa oder Google Assistant dazu, so sind die Geräte auch per Sprachbefehl bedienbar. (Buzaljko, 2019) Im privatem Bereich lassen sich zahlreiche weitere smarte Systeme schnell und einfach dazu erwerben sowie installieren. Betrachtet man jedoch das bisherige Gebäudemanagement in großen Büroimmobilien, so werden viele einzelne und häufig unzureichend integrierte Systeme eingesetzt. Die Problematik besteht darin, dass die Systeme durch die schlechte Vernetzung oftmals einzeln bedient werden müssen. (Buzaljko, 2019) In jüngster Vergangenheit stieg die Anzahl der einzelnen Systeme weiter an und damit auch der Aufwand diese zu steuern. Folglich entsteht wiederrum ein höherer Zeit- und Kostenaufwand, welche mit dem vernetzten Smart Office vermeidbar sind. (Buzaljko, 2019)

Würde man versuchen, alle vorhandenen Systeme erneut aufzusetzen oder auszutauschen, um das Systemmanagement auf einen einheitlichen Übertragungsstandard zu bringen, wäre dieser Prozess mit einem hohen finanziellen und zeitlichen Aufwand verbunden. (Buzaljko, 2019) Um diesen Konflikt zu umgehen, bieten viele Anbieter von smarten Technologien bereits Lösungen an, die mit der vorhandenen Infrastruktur des Unternehmens/der Immobilie arbeiten und unkompliziert alle technischen Geräte über einen sog. Switch verbinden. (Buzaljko, 2019) Ein Switch dient dazu, mehrere smarte Geräte miteinander zu verbinden, um einen Datenaustausch zu generieren. Der Switch ist kurz gesagt ein Gerät, das alle Anschlüsse in einem Netzwerk zusammenfasst und dadurch eine getrennte Kommunikation sowie Datentransfers ermöglicht. (Kratzenberg, 2017) „Sämtliche Technik im Büro kann so von einem Terminal oder einer App aus gesteuert werden." (Buzaljko, 2019)

Um eine komplette Umstrukturierung zu vermeiden, stellt der Switch für Bestandsbauten eine sehr gute Lösung dar. Bei der Entwicklung von Neubauten sollte jedoch bereits frühzeitig darauf geachtet werden, dass die Gebäudestruktur sich dem digitalen Wandel anpasst und entsprechende Maßnahmen im Vorwege getroffen werden. Denn wie bereits im Kapitel 2.1.2 beschrieben sind die Ansprüche innerhalb einer Gewerbe-/ Büroimmobilie deutlich höher, wodurch ein signifikanter Eingriff in die TGA erfolgt.

3.2 Der Alltag in einem Smart Office

Aus einer Befragung von Büronutzern im Zuge der Vierten Digitalisierungsstudie von ZIA und EY Real Estate aus dem Jahre 2019 geht hervor, dass immer mehr Unternehmen in Digitalisierungsmaßnahmen investieren. (Rodeck, et al., 2019) Aus der Dritten

Digitalisierungsstudie von ZIA und EY Real Estate aus dem Jahr 2018 ging hingegen hervor, dass die Mehrheit der Befragt davon ausgeht, dass Smart-Office-Anwendungen noch eher unwichtig seien. (Rodeck, et al., 2018) Der scheinbare Widerspruch der beiden Studien lässt sich daraus begründen, dass jüngere Menschen tendenziell offener und interessierter ggü. Smarten Technologien sind als ältere.

Daraus ergibt sich die Frage, was die junge Generation vom künftigen Arbeitsplatz überhaupt erwartet und wie sich dessen Arbeitsalltag gestalten soll. Zur Beantwortung dieser Frage wird im folgenden Kapitel 3.2.1 die Erwartungen der Generation Z ggü. dem Smart Office dargestellt. Anknüpfend daran wird im Kapitel 3.2.2 das modernste und smarteste Bürogebäude der Welt „The Edge" dargestellt und anknüpfend daran beispielhaft die künftige Arbeitsalltagsgestaltung in einem Smart Office veranschaulicht.

3.2.1 Die Generation Z erwartet ein Smart Office

Die neuen Arbeitnehmergenerationen Y und Z haben andere Erwartungen und Vorstellungen an den Arbeitgeber als ihre Vorgängergenerationen „Baby Boomer" und „Generation X". So fokussieren sich die jüngeren Generationen insb. auf eine ausgewogene Work-Life-Balance, flexible Arbeitszeitmodelle sowie auf moderne und vernetzte Arbeitsplätze. Die Karriereleiter, ebenso wie das Gehalt sind zwar weiterhin wichtige Kriterien, rücken jedoch bei der Arbeitgeberauswahl etwas in den Hintergrund. (PAWLIK Consultants GmbH, 2017) Welche neuen Herausforderungen sich Unternehmen bei der Personalsuche stellen müssen, wird grundlegend im folgenden Abschnitt definiert.

Der Nachfolger der Generation Y, welche auch oftmals als Millennials bezeichnet wird, ist die Generation Z. (Vgl. mit Abbildung 2: Generationen im Überblick, S. 15) Als Synonym für die Generation Z werden häufig die Begriffe „Generation Internet" und „iGeneration" verwendet, da die Verbreitung des Internet ab dem Jahr 1995 als wesentliches Merkmal dieser Generation gilt. (Klaffke, Millennials und Generation Z - Charakteristika der nachrückenden Arbeitnehmer-Generation, 2014, S. 69)

Während mit der Generation Y Menschen bezeichnet werden, welche zwischen 1981 und 1994 geboren worden, (Klaffke, 2014, S. 59) umfasst die Generation Z all diejenigen die zwischen 1995 und 2010 auf die Welt kamen. (Klaffke, 2014, S. 59) Die „Generation Internet" stellt demnach aktuell die Kinder- und Jugend-Generation in Deutschland dar.

Für die Generation Z, welche mit dem Internet, Smartphone und Tablet aufgewachsen, ist eine moderne Kommunikationstechnik von größter Bedeutung. Kinder wie auch Jugendliche, die der Generation Z angehören, betrachten das Smartphone sowie Notebook als wichtigstes Kommunikationsmittel. (Vgl. mit Abbildung 2: Generationen im

Überblick, S. 16) I. V. m. dem Internet wird es sogar als die wichtigste Freizeitbeschäftigung bezeichnet. (Klaffke, 2014, S. 70) Folglich setzt die Generation Z die Anbindung des Arbeitsplatzes an das IoT voraus und erwartet zudem, dass Unternehmen beim Einsatz von Augmented wie auch Virtual Reality neue Maßstäbe und Impulse setzen. Ein smarter und moderner Arbeitsplatz stellt demnach für die „iGeneration" einen der bedeutendsten Faktoren für die Auswahl des Arbeitgebers dar. Daraus lässt sich ableiten, dass das Büro für die jüngste Generation als Treiber von Wissens- und Innovationsprozessen zu verstehen ist. (Burkert, 2016)

Abbildung 2: Generationen im Überblick (PAWLIK Consultants GmbH, 2017)

3.2.2 The Edge – das modernste Bürogebäude der Welt

Wie Smart Offices bzw. Smart Buildings konzipiert sind und wie diese funktionieren, wurde in den vergangenen Kapiteln dargestellt und erläutert. Am Beispiel des Bürogebäudes „The Edge" soll nun visuell veranschaulicht werden, wie solch ein Smart Building in der Realität aussieht und wie es ist, darin zu arbeiten.

So steht in Amsterdam, der Hauptstadt der Niederlande, das bisweilen nachhaltigste Gebäude der Welt namens „The Edge" (zu Deutsch „Die Kante"). (Vgl. mit Abbildung 3: „The Edge" in Amsterdam, S. 16) Das Bürogebäude wird nicht nur als die nachhaltigste Immobilie der Welt bezeichnet, sondern wurde zum „Smartes Building in the World" ernannt. (Hardebusch, 2016)

Die Immobilie wurde vom niederländischen Projektentwickler OVG Real Estate zusammen mit dem heutigen Hauptmieter Deloitte konzipiert und im Jahre 2014 fertiggestellt. (Baumann, Smartes Büro „The Edge" setzt neue Maßstäbe für den Arbeitsplatz der Zukunft, 2019)

Eine der vielen besonderen Eigenschaften des Objektes besteht darin, dass es mehr Energie produziert als es verbraucht. (Hardebusch, 2016) So ist bspw. jeder Parkplatz in der Tiefgarage mit einer Ladestation für Elektroautos ausgestattet, sodass diese während der Arbeitszeit aufgeladen werden können. Die Auflading erfolgt durch die eigens produzierte Energie des Gebäudes. (Galileo, 2016) Die Energie wird durch eine Photovoltaikanlage, welche auf einer Fläche von rd. 65.000 m² auf dem Dach und der Fassade installiert ist, gewonnen. (Baumann, Smartes Büro „The Edge" setzt neue Maßstäbe für den Arbeitsplatz der Zukunft, 2019)

Abbildung 3: „The Edge" in Amstedam (OVG Real Estate, 2016)

Im Gebäude selbst ist keinem Mitarbeiter ein fester Schreibtisch zugeordnet, sondern jeder entscheiden selbstständig wo er arbeiten möchte. Daraus resultiert, dass jeder täglich nach Feierabend seinen Schreibtisch frei räumen muss. Das Unternehmen Deloitte spart dadurch Kosten ein, da weniger eingerichtete Arbeitsplätze benötigt werden. (Galileo, 2016) In „The Edge" gibt es ca. 1.100 Arbeitsplätze für rd. 2.800 Mitarbeiter. (Galileo, 2016) Ermöglicht wird dies dadurch, dass nicht jeder Mitarbeiter tagtäglich physisch im Büro anwesend ist. Das Unternehmen bietet flexible Arbeitszeiten an, sodass man auch von zuhause oder unterwegs aus arbeiten kann.

Ferner bietet das Unternehmen kostenfreies Essen und Getränke an. So gibt es bspw. morgens vorgeschnittenes Obst und Gemüse und mittags/abends gesunde Mahlzeiten. Dadurch sparen Mitarbeiter viel Zeit und ernähren sich parallel dazu ausgewogen und gesund. Das Konzept dahinter ist simpel: Gesundes Essen bedeutet gesunde und zufriedene Mitarbeiter und damit weniger Krankheitsausfälle. (Galileo, 2016)

Für die Personen die in "The Edge" arbeiten, hat die global tätige Wirtschaftsprüfungs- und Beratungsgesellschaft Deloitte eine auf das Gebäude zugeschnittene App entwickelt. (Bloomberg, 2015) Durch diese können Mitarbeiter sich im Gebäude orientieren, Konferenzräume buchen, feststellen an welchen Ort sich Kollegen befinden, Raum- und Lichtverhältnisse individuell einstellen und sich mit Gerätschaften kontaktlos verbinden.

(Galileo, 2016) Wie hoch die Entwicklungs- und Baukosten für die nachhaltigste und smarteste Immobilie der Welt waren, ist nicht bekannt. Die Entwickler von „The Edge" hoffen, dass ihr Bauprojekt zum Vorbild für Architekten, Ingenieure und Projektentwickler wird, um auch künftig weitere intelligente und smarte Gebäude zu erschaffen, welche sich selbst versorgen können und sogar einen Energieüberschuss produzieren.

3.2.3 Beispielhafte Ausgestaltung des Arbeitsalltages in einem Smart Office

Aber wie sieht ein Arbeitsalltag in solch einem innovativen Bürogebäude aus? Nehmen wir an man hat um 09:00 Uhr ein Meeting im Büro. Man fährt pünktlich mit dem Elektroauto von zuhause los und steht unerwartet im Stau. Das Smartphone erkennt die Zeitverzögerung selbständig, informiert alle Konferenzteilnehmer über die Verspätung und schlägt eine Terminverschiebung auf 09:30 Uhr vor. Parallel dazu wird der bisher gebuchte Konferenzraum autom. freigegeben und entsprechend ab 09:30 Uhr ein freier Raum für das Meeting gebucht.

Sobald man am Büro eintrifft erkennt die Tiefgarage via Kamera das Autokennzeichen und öffnet sich selbstständig. (Bloomberg, 2015) Beim Betreten des Büros erfolgt eine Zugangskontrolle. Auf dem Smartphone wird angezeigt, in welchem Raum das Meeting stattfindet. Mithilfe standortbezogener Dienste wird man über den kürzesten Weg zum Konferenzraum geleitet. Fernseher, Laptops, digitale Flipcharts u. ä. lassen sich einfach und schnell mit dem Smartphone verbinden, wodurch Präsentationen zügig gesteuert werden können. (Bloomberg, 2015)

Nach dem Meeting sucht die für das Gebäude konzipierte App einen freien Arbeitsplatz und mithilfe der Sensorik werden autom. die Raumtemperatur, Beleuchtung und Tisch- sowie Sitzpositionen den Bedürfnissen entsprechend eingestellt. Nach Feierabend räumt man seinen Arbeitsplatz frei, verstaut seinen Laptop in der Tasche und trifft sich anschließend noch mit Kollegen auf ein kostenfreies Bier oder entspannt sich in einem der zahlreichen Massagesessel.

In „The Edge" gehen viele Arbeitnehmer freiwillig ins Büro, obwohl keine Anwesenheitspflicht besteht. (Galileo, 2016) Durch das moderne Arbeitskonzept mit Wohlfühlatmosphäre sind viele Mitarbeiter nachweislich zufriedener, arbeiten produktiver und effizienter. (Vgl. Tabelle 1: SWOT-Analyse, S. 5) Folglich macht sich das Unternehmen als Arbeitgeber sehr attraktiv und ist entsprechend gefragt. Demgemäß ist die Fluktuationsrate gering und auch die Personalsuche gestaltet sich deutlich einfacher und schneller.

4. Schlussbetrachtung

4.1 Zusammenfassung

Zum Beginn der Arbeit wurde untersucht, was ein Smart Office überhaupt ist, was es ausmacht und welche Vor- und Nachteile es mit sich bringt. Es konnte festgestellt werden, dass durch die Verbreitung der ständig voranschreitenden Digitalisierung, sich die Art und Weise, wie Menschen denken, handeln und arbeiten stetig verändert. Entwicklungen wie das IoT bieten mittlerweile in vielen Branchen vielfältige Möglichkeiten, den Arbeitsplatz neu und dessen Prozessabläufe effizienter zu gestalten. (Uzialko, 2016)

Das Resultat dieses Wandels spiegelt sich in dem aktuellen Trend der Smart Offices wieder. Abgeleitet vom Smart Home soll beim Smart Office die physische Arbeitsumgebung mithilfe von Technologien intelligent vernetzt werden, um Arbeitsabläufe effizienter, sicherer und komfortabler zu gestalten. (Uzialko, 2016)

In allen digitalen Gebäuden, insb. in Büro-, Gewerbe- und Industrieobjekten, stellen die Sicherheit, die Effizienz und der Komfort den Fokus dar. In Smart Buildings kommunizieren und arbeiten alle smarten Anwendungen zusammen und ergeben damit ein intelligentes und smartes Office, welches Sicherheit, Komfort und Effizienz maßgeblich erhöht. „Ein Büro ist nicht vollständig smart, solange nicht alle Teile, von Technologien bis zu Dienstleistungen, die Beschäftigten unterstützen." (Vornholz, 2019)

Jedoch birgt die komplette Vernetzung des Unternehmens bzw. der Immobilie auch zahlreiche Risiken. So kann es vorkommen, dass sich Mitarbeiter vollständig vom Arbeitgeber überwacht oder nicht ausreichend über die neuen Anwendungen aufgeklärt fühlen. Ebenso kann es insb. bei älterem Personal vorkommen, dass diese nicht intuitiv mit den modernen und smarten Anwendungen umgehen können. Auch der Datenschutz stellt oftmals eine Schwachstelle dar und bietet Cyberkriminellen potenzielle Angriffsflächen, um Daten zu stehlen, Systeme lahmzulegen, Mitarbeiter auszuspionieren, physische Einbrüche taktisch zu planen o. ä.. Um von den Vorteilen der Smart-Office-Anwendungen profitieren zu können, müssen die vorgenannten Risiken durch verschiedene Maßnahmen ausreichend diversifiziert werden.

Grundlegend kann jedoch festgehalten werden, dass die Ertragsfähigkeit eines Unternehmens/einer Büroimmobilie bereits durch den schlichten Einsatz von smarten Technologien signifikant gesteigert werden kann. (Klaffke, Büro der zukunft - Generationenorientierte Gestaltung von Arbeitswelten, 2014, S. 207) Parallel dazu stellt die Gestaltung der Büroräume und Arbeitsplätze ein weiteres wichtiges Element dar, um das Wohlbefinden, die Leistung sowie die Kreativität des Personals individuell zu fördern. (Klaffke, Büro der zukunft - Generationenorientierte Gestaltung von Arbeitswelten, 2014, S. 207)

Abschließend ist festzuhalten, dass das Erfolgskonzept von Smart Offices und Smart Buildings darin besteht, dass die Technologie i. V. m. den Arbeitskonzepten und Designs so vielfältig sind, dass jedes Individuum einen an seine Bedürfnisse ausgerichteten Arbeitsplatz aufsuchen kann, an welchem er gerne arbeitet, sich wohlfühlt und es ihm schlichtweg an nichts mangelt.

4.2 Ausblick

Bereits heute ist schon fast alles „smart": Ob Handys, Tablets, Uhren oder Fahrzeuge – die digitalen Helfer sind nicht mehr wegzudenken. Die stetige Weiterentwicklung elektronischer Medien und die damit einhergehenden neuen Kommunikationsmöglichkeiten und virtuellen Welten prägen das Aufwachsen der Generation Z von Anfang an. (Klaffke, 2014, S. 70) Diese Entwicklung beeinflusst die Arbeitseinstellung signifikant und es lässt sich bereits heute deutlich erkennen, „dass die jüngeren Generationen anders arbeiten wollen und sie dies aufgrund der Macht ihrer geringen Zahl auch einfordern können." (Klaffke, 2014, S. 80)

Durch die sich wandelnden (Arbeits-)Bedürfnisse der jungen Generationen i. V. m. dem stetig zunehmenden Digitalisierungsgrad wird der Büroflächenbedarf mittel- bis langfristig abnehmen. (Vornholz, 2019, S. 148) So wird zum einen für die Dokumentenverwaltung und Archivierung in Papierform weniger Fläche benötigt, da der Anteil digitaler Dokumente in den Unternehmen stark zunimmt und entsprechend weniger Dokumente physisch abgelegt werden. Zum anderen werden die klassischen Arbeitsplätze im Büro immer weniger ausgelastet sein, da durch die stetig zunehmende Vernetzung immer mehr Arbeitnehmer zu anderen Zeiten und an anderen Orten arbeiten, wodurch ebenfalls weniger Büroflächen benötigt und angemietet werden (Vornholz, 2019, S. 148) Es ist festzuhalten, dass intelligent vernetzte Systeme im Smart Office als Basis für den wirtschaftlichen Erfolg einer Immobilie gelten. (Vornholz, 2019, S. 172)

Letztendlich werden durch die sich schnell ändernden Anforderungen an die IT-Technologie die Lebenszyklen von Büroimmobilien stetig kürzer. So gehören vorinstallierte Verkabelungen für Computer, Internet, Telefon usw. bereits heute zum Standard. Büroimmobilien bzw. –flächen die nicht diesen Anforderungen genügen, werden schwer vermietbar und daher zunehmend vom Leerstand betroffen sein. (Vornholz, 2019, S. 171) Sobald eine Immobilie nicht erst nachträglich mit smarter Technologie ausgestattet wird, sondern bereits seit Beginn der Planung smart konzipiert wurde, handelt es sich nicht mehr um ein Smart Office, sondern um ein Smart Building. Das Smart Building ist ein IP-basiertes Gebäudemanagement, wobei alle Systeme gleichermaßen im Gebäude integriert und miteinander vernetzt sind. So findet sich in Amsterdam das nachhaltigste und smarteste Gebäude der Welt, namens „The Edge" wieder. Diesem Beispiel folgend wurde auch Mitten in Berlin das Smart Building namens „cube berlin" im Jahre 2019 fertiggestellt. Auch innerhalb dieses Gebäudes sind Technik und Prozesse miteinander vernetzt und bietet Schnittstellen zum IoT, BIM und vielem mehr. (CA Immo Deutschland GmbH, 2019) Das Gebäude verfügt über eine schlüssellose Zutrittskontrolle, wobei sich Mitarbeiter mithilfe ihres Smartphones identifizieren. Wie in „The Edge" wurde eine hauseigene App entwickelt, welche die Navigation innerhalb des Gebäudes erleichtert, Einstellungen für Licht, Temperatur, Sonnenschutz usw. vorgenommen werden können und auch ein Abrechnungs- und Bestellsystem für den Einzelhandel und Gastronomiebetriebe ist vorhanden. Das Konzept des „cube berlin" besteht darin, das Arbeitsumfeld für Menschen so angenehm wie möglich zu gestalten und damit Produktivität und Innovation zu fördern. (CA Immo Deutschland GmbH, 2019)

Schlussendlich ist davon auszugehen, dass sich die Projektentwicklung i. V. m. der voranschreitenden Digitalisierung weiterhin auf die Entwicklung von Smart Offices und Smart Buildings konzentrieren wird. Mithilfe der vielfältigen Einsatzmöglichkeiten von Smart Offices wird es Unternehmen ermöglicht, die unterschiedlichen Bedürfnisse ihrer Mitarbeiter besser zu erkennen und diese zu befriedigen. Ob jung oder alt, jeder soll einen für sich individuell gestaltbaren Arbeitsplatz bekommen, an dem er am besten Arbeiten kann. Künftig wird auch der Einsatz von digitalen Verfahren wie BIM eine weitreichende Rolle spielen. Auch wenn es den Anschein erweckt, dass wir bereits das volle Potenzial von smarten Technologien ausgeschöpft haben, so entwickelt sich die Digitalisierung rasant und stetig weiter – wir stehen erst am Anfang. Die Zukunft ist smart.

5. Quellen- und Literaturverzeichnis

Bartlett-Mattis, M. (04. April 2017). Abgerufen am 11. November 2019 von trendreport: https://www.trendreport.de/kommunikation-und-der-mensch-im-mittelpunkt-office-4-0/

Baumann, J. (20. Dezember 2018). Abgerufen am 11. November 2019 von g-pulse: https://g-pulse.de/was-ist-smart-home

Baumann, J. (01. August 2019). Abgerufen am 30. Dezember 2019 von g-pulse.de: https://g-pulse.de/the-edge-amsterdam-smartes-buero

Bitkom e.V. (07. August 2018). Abgerufen am 10. Dezember 2019 von bitkom: https://www.bitkom.org/Presse/Presseinformation/Home-Smart-Home-Jeder-Vierte-ist-auf-dem-Weg-zum-intelligenten-Zuhause.html

Bloomberg. (24. September 2015). Abgerufen am 29. Dezember 2019 von youtube.de: https://www.youtube.com/watch?v=JSzko-K7dzo

Burkert, A. (06. Dezember 2016). Abgerufen am 10. Dezember 2019 von springerprofessional: https://www.springerprofessional.de/business-intelligence/usability---ux-design/das-smart-office-laesst-mitarbeiter-kreativer-arbeiten/11238626

Buzaljko, Z. (29. März 2019). Abgerufen am 13. November 2019 von tk-vergleich: https://www.tk-vergleich.com/news/19/03/smart-office-buero-der-zukunft

CA Immo Deutschland GmbH. (2019). Abgerufen am 31. Dezember 2019 von cube-berlin.de: http://www.cube-berlin.de/de/#c128

Check Point Software Technologies Ltd. (16. November 2019). Abgerufen am 29. Dezember 2019 von it-daily.net: https://www.it-daily.net/it-sicherheit/cyber-defence/22809-sind-smart-offices-sicher

Demirci, R., & Storek, P. (15. Oktober 2018). Das Büro der Zukunft - Plätze zum Arbeiten statt Arbeitsplätze. *Zeitschrift für das gesamte Kreditwesen*(71. Jahrgang), S. 30-31.

euromicron AG. (o. D:). *Digitalisierte Gebäude - Zukunft, Konzepte, Technik*. Mainz: MPM Corporate Communication Solutions. Abgerufen am 29. Dezember 2019 von https://www.euromicron.de/downloads/filemanager/digitalisierte-gebaeude-euromicron.pdf

Frehner, M. (12. März 2019). Abgerufen am 11. November 2019 von deutsche-handwerks-zeitung: https://www.deutsche-handwerks-zeitung.de/dieser-gesetzliche-mindestlohn-soll-ab-2019-gelten/150/11266/365822

Galileo. (20. Juni 2016). Abgerufen am 29. Dezember 2019 von galileo.tv: https://www.galileo.tv/video/arbeiten-in-the-edge-das-modernste-buerogebaeude-der-welt/

Golling, S. (24. Juli 2018). Abgerufen am 29. Dezember 2019 von munichre.com: https://www.munichre.com/topics-online/de/digitalisation/cyber/how-insurable-are-cyber-risks.html

Hardebusch, C. (11. Oktober 2016). Abgerufen am 29. Dezember 2019 von immobilienmanager.de: https://www.immobilienmanager.de/das-nachhaltigste-buerogebaeude-der-welt/150/44610/

Klaffke, M. (2014). Büro der zukunft - Generationenorientierte Gestaltung von Arbeitswelten. In M. Klaffke, *Generationen-Management - Konzepte, Instrumente, Good-Practice-Ansätze* (S. 206-226). Wiesbaden: Springer Gabler.

Klaffke, M. (2014). Millennials und Generation Z - Charakteristika der nachrückenden Arbeitnehmer-Generation. In M. Klaffke, *Generation-Management - Konzepte, Instrumente, Good-Practice-Ansätze* (S. 57-82). Wiesbaden: Springer Gabler.

Kolkmann, T. (04. Mai 2017). Abgerufen am 10. Dezember 2019 von giga: https://www.giga.de/downloads/skype/specials/was-ist-voip-einfach-erklaert/

Kratzenberg, M. (01. März 2017). Abgerufen am 10. Dezember 2019 von giga: https://www.giga.de/extra/netzwerk/tipps/was-ist-ein-switch-schnell-erklaert/

Michael, W. (o. D.). Abgerufen am 11. November 2019 von swot-analyse: https://swot-analyse.net/

MMCD NEWS MEDIA GmbH. (27. Juni 2019). Abgerufen am 03. Dezember 2019 von scinexx: https://www.scinexx.de/businessnews/smart-office-arbeiten-wir-der-zukunft/

Müller, A. T. (28. April 2015). Abgerufen am 03. Dezember 2019 von digitaler-mittelstand: https://digitaler-mittelstand.de/technologie/ratgeber/smart-office-richtig-strom-und-geld-sparen-5081

Nehring, R. (11. Mai 2016). Abgerufen am November. 11 2019 von office-roxx: https://office-roxx.de/2016/05/11/smart-office-das-digital-vernetzte-buero/

OVG Real Estate. (11. Oktober 2016). Abgerufen am 29. Dezember 2019 von immobilienmanager.de: https://www.immobilienmanager.de/das-nachhaltigste-buerogebaeude-der-welt/150/44610/

PAWLIK Consultants GmbH. (21. September 2017). Abgerufen am 30. Dezember 2019 von pawlik.de: https://www.pawlik.de/generation-y/

Rodeck, M., Schulz-Wulkow, C., Bauer, D., Fischer, M., Graf-Abersfelder, C., Hellmuth, A., & Kremer, G. (2018). *Das gitiale Büro - unternehmerische Utopie oder Nutzerwunsch?* Abgerufen am 29. Dezember 2019 von https://www.zia-deutschland.de/fileadmin/Redaktion/Positionen/zia_ey_digitalisierungsstudie_2018.pdf

Rodeck, M., Schulz-Wulkow, C., Fischer, M., Hellmuth, A., Graf-Abersfelder, C., & Seyler, N. (2019). *Gebaut auf Daten - digitale Immobilienwirtschaft.* Abgerufen am 29. Dezember 2019 von https://www.zia-deutschland.de/fileadmin/Redaktion/Positionen/zia_ey_digitalisierungsstudie_2019.pdf

Rubin, J. (26. November 2018). *KIWI.KI.* Abgerufen am 06. 11 2019 von https://kiwi.ki/blog/smart-home/smart-office/

Uzialko, A. (5. Oktober 2016). Abgerufen am 30. Dezember 2019 von businessnewsdaily.com: https://www.businessnewsdaily.com/9463-smart-office-responsive-workplace.html

Vornholz, G. (2019). Digitalisierung und Büroimmobilienmarkt. In G. Vornholz, *Digitalisierung der Immobilienwirtschaft* (S. 147-172). Berlin/Boston: Walter de Gruyter GmbH.

Workplace, N. (10. Januar 2019). *NUO Workplace.* Abgerufen am 06. November 2019 von https://nuo-workplace.co.uk/insights/the-smart-office

BEI GRIN MACHT SICH IHR WISSEN BEZAHLT

- Wir veröffentlichen Ihre Hausarbeit, Bachelor- und Masterarbeit

- Ihr eigenes eBook und Buch - weltweit in allen wichtigen Shops

- Verdienen Sie an jedem Verkauf

Jetzt bei www.GRIN.com hochladen und kostenlos publizieren